KLEINE REIHE
HOCHSCHULDIDAKTIK

Herausgegeben von
Matthias Freise, Daniel Lambach,
Julia Reuschenbach, Volker Best

Manon Westphal

Normativität in der politikwissenschaftlichen Hochschullehre

Bibliografische Information der Deutschen Nationalbibliothek
Die Deutsche Nationalbibliothek verzeichnet diese Publikation in der Deutschen Nationalbibliografie; detaillierte bibliografische Daten sind im Internet über http://dnb.d-nb.de abrufbar.

www.wochenschau-verlag.de

Titelgestaltung: Ohl Design
Gesamtherstellung: Wochenschau Verlag
ISBN 978-3-7344-1637-8 (Buch)
E-Book ISBN 978-3-7566-1637-4 (PDF)
ISSN 2749-6929
eISSN 2749-6937
DOI https://doi.org/10.46499/1999

Inhalt

1. Einleitung

Normativ aufgeladene Gegenstände der Politikwissenschaft

Zweifelsfrei ist Normativität ein für die politikwissenschaftliche Hochschullehre zentrales Thema. Die Gegenstände der Politikwissenschaft sind in besonderer Weise normativ aufgeladen. Regierungssysteme, Parteienlandschaften, Policies, Konzepte wie „Staatsgrenzen" oder Begriffe wie „Freiheit" und „Gerechtigkeit" sind in mindestens zwei Hinsichten normativ gehaltvoll. Sie verkörpern spezifische normative Ideen und Ideale und sie sind Produkte politischer Prozesse, in denen normative Vorstellungen der jeweils Einfluss nehmenden Akteure geronnen sind.

Selbstverständnisse der Disziplin

Darüber hinaus trägt die Politikwissenschaft, die sich in der Bundesrepublik als Demokratiewissenschaft gegründet hat (vgl. Zeuner 1989), das Erbe eines explizit normativen Anspruches in sich. Wie sinnvoll eine solche Charakterisierung (heute noch) ist, ist freilich umstritten. Michael Zürn prognostizierte 2011 in einem Gastbeitrag in der Politischen Vierteljahresschrift, dass angesichts der „realweltliche[n] Infragestellung der Prinzipien westlicher Demokratien" keine Rückkehr der Politikwissenschaft zur Demokratiewissenschaft zu erwarten sei, „sondern möglicherweise der Aufbruch zur Legitimationswissenschaft" (Zürn 2011: 629) anstünde. Andere halten den Begriff der Demokratiewissenschaft, in einem aktualisierten Verständnis, für durchaus geeignet, um das Wesen der Politikwissenschaft oder zumindest einer ihrer Teildisziplinen zu charakterisieren (vgl. Niesen 2007). In der Debatte über die Frage, welchen normativen Ideen die Politikwissenschaft verpflichtet sein sollte oder welchen normativen Ideen sie einen besonderen Raum zuweisen sollte, manifestiert sich eine Kontroverse um die Normativität der Politikwissenschaft als Disziplin.

Normativität als Thema politikwissenschaftlicher Hochschullehre

Für die politikwissenschaftliche Hochschullehre ist insbesondere die Frage relevant, was es heißen kann oder – ganz im normativen Sinne – heißen *sollte*, Normativität zu einem Thema oder Anliegen der Lehrpraxis zu machen. Sollten

Lehrende Studierenden primär oder ausschließlich methodische und analytische Kompetenzen vermitteln? Sollten Studierende in der politikwissenschaftlichen Hochschullehre lernen, eigene normative Positionen zu politischen Fragen zu beziehen? Sollten Lehrende in den Lehrveranstaltungen selbst normative Positionen beziehen und ihre eigenen Standpunkte zu normativ strittigen Themen markieren? Hansel et al. (2018) stellen in einer kritischen Bestandsaufnahme fest, dass solche und ähnliche Fragen im Fach „eher selten thematisiert werden", obwohl sie „am Selbstverständnis der Disziplin rühren" (Hansel et al. 2018: 714). Dieser Befund wird durch den Umstand gestützt, dass man – während es etwa einschlägige Werke zu der Rolle von Normativität in der Erziehungswissenschaft (Meseth et al. 2019) und in der Kommunikationswissenschaft (Karmasin et al. 2013) gibt – vergeblich nach vergleichbaren, auf die Politikwissenschaft ausgerichteten Werken sucht. Es scheint aber sowohl weitgehend unstrittig zu sein, dass Reflexionen über die Rolle von Normativität in der politikwissenschaftlichen Forschung wichtig sind, als auch ein zunehmendes Interesse an Überlegungen zu der Rolle von Normativität in der politikwissenschaftlichen Hochschullehre zu geben (z.B. Brühl et al. 2018; Fleuß 2018; Grün-Neuhof/Schröder 2022; Hansel et al. 2018).

Zwar kann das Ziel einer Debatte darüber, wie die politikwissenschaftliche Hochschullehre Normativität thematisieren und in welchem Maße sie selbst normativ orientiert sein sollte, nicht darin bestehen, so etwas wie eine ideale Normativitäts-Rezeptur zu definieren. Die Frage nach dem richtigen Platz und dem richtigen Maß an Normativität in der Hochschullehre kann mit guten Gründen unterschiedlich beantwortet werden. Vermutlich gibt es keine für alle Situationen und Kontexte passfähige Antwort. Nichtsdestotrotz ist es wichtig, diese Debatte zu führen. Es gilt, zu reflektieren, welche Möglichkeiten es gibt, sich zu Fragen wie den hier konturierten zu positionieren, und zu sondieren, welche Mittel Lehrenden zur Verfügung stehen, um Normativität in der Lehrpraxis zu thematisieren und Studierenden als einen wichtigen Teilaspekt wissenschaftlichen Arbeitens zugänglich zu machen.

Normativität als Teilaspekt wissenschaftlichen Arbeitens

2. Anliegen, Prämissen und Aufbau des Bandes

Dieser Band leistet einen Beitrag zu der Debatte über Normativität in der politikwissenschaftlichen Hochschullehre, indem er vier Kompetenzen im Umgang mit Normativität behandelt und konkrete praxisbezogene Vorschläge unterbreitet, wie sich diese Kompetenzen in Seminarkontexten vermitteln lassen. Diese vier Kompetenzen sind:

Kompetenzen im Umgang mit Normativität

i. Normativität erkennen, artikulieren und analysieren
ii. Normatives Argumentieren I: Evaluation
iii. Normatives Argumentieren II: Präskription
iv. Die Situiertheit von Normativität reflektieren

Indem es den Fokus auf diese vier Kompetenzen legt, geht es dem vorliegenden Band eher um das *Wie* als um das *Wieviel* der Normativität. Leser*innen werden keine Antwort auf die Frage finden, wann ein Zuviel an Normativität in der politikwissenschaftlichen Hochschullehre erreicht ist. Sie werden vielmehr einen sortierenden Vorschlag finden, wie sich Normativität zu einem Thema der politikwissenschaftlichen Hochschullehre machen lässt – und zwar nicht abstrakt, als ein Thema der reinen Wissensvermittlung, sondern auf eine Art und Weise, die Studierende dazu anhält, Normativität eigenständig zu untersuchen und methodisch reflektiert zu produzieren.

Der Umgang mit Normativität als Methode

Gleichwohl ist die Entscheidung, den Fokus auf diese vier Kompetenzen zu legen, natürlich nicht neutral gegenüber der Frage, *ob* Normativität einen Platz in der politikwissenschaftlichen Hochschullehre hat. Normativität sollte unbedingt einen Platz in der politikwissenschaftlichen Lehre haben. Die Gründe dafür sind aber andere als etwa im Bereich der politischen Bildung. Der Auftrag der politischen Bildung ist es,

Politikwissenschaftliche Hochschullehre und politische Bildung

Lernende dabei zu unterstützen, zu mündigen Bürger*innen zu werden, die in der Lage sind, ihre eigene Position in der Gesellschaft zu analysieren sowie Mittel und Wege zu identifizieren, mit denen sie die politische Lage im Sinne ihrer jeweiligen Interessen beeinflussen können (Wehling 2016: 24). Zwar ist davon auszugehen, dass ein politikwissenschaftliches Studium immer auch Effekte darauf hat, wie Lernende sich als Bürger*innen verstehen, wie sie politische Situationen bewerten oder welche politischen Handlungsmöglichkeiten sie identifizieren und wählen oder als erstrebenswert verstehen. Die politikwissenschaftliche Hochschullehre adressiert Lernende aber in erster Linie als Studierende einer Wissenschaft.

Kompetenzvermittlung

Eine grundlegende Prämisse dieses Bandes ist, dass das Vermitteln der oben genannten Kompetenzen ein zentraler Bestandteil dessen ist, was es heißt, Lernende als Studierende der Politikwissenschaft zu adressieren. Studierende der Politikwissenschaft sollten Normativität erkennen, artikulieren und analysieren können sowie selbst normativ argumentieren können, weil eine Sensibilität für Spezifika der oft normativ gehaltvollen Gegenstände der Politikwissenschaft und die argumentative Auseinandersetzung mit Forschungsprämissen und -ergebnissen ein elementarer Bestandteil politikwissenschaftlichen Arbeitens sind.

Relevanz für alle Subdisziplinen

Zwar gehört das normative Argumentieren in keiner anderen Subdisziplin des Fachs so sehr zum Kerngeschäft wissenschaftlicher Praxis wie in der politischen Theorie. Es ist jedoch auch für die empirisch arbeitenden Subdisziplinen elementar. Die Relevanz von Forschungsfragen ist nicht selbsterklärend und Bewertungen von empirischen Forschungsergebnissen folgen nicht schlicht aus einer Betrachtung des Materials. Warum lohnt es sich zum Beispiel, die Entwicklung sozialer Ungleichheit in Demokratien zu untersuchen? Wie ist der Befund zu bewerten, dass die soziale Ungleichheit zunimmt? Warum ist es interessant, Experimente mit neuen Formaten der Bürger*innenbeteiligung zu untersuchen und die Erfahrungen der Teilnehmenden in diesen Formaten zu erheben?

Schon Begriffsdefinitionen und Arrangements von Begrifflichkeiten sind nicht losgelöst von Wertungen (Grün-

Neuhof/Schröder 2022: 79) und „die Auswahl von Forschungsfragen und -themen [beinhaltet, M.W.] eine normative Wertung über deren Bedeutung und Relevanz" (Brühl et al. 2018: 766). Politikwissenschaftler*innen, die die Relevanz ihrer Forschungsfragen begründen und die Ergebnisse ihrer Forschung einordnend bewerten, sind immer schon mit der Praxis normativen Argumentierens befasst. Kompetenzen des normativen Argumentierens zu erlernen bzw. zu festigen und methodisch zu reflektieren, muss deshalb zu der Ausbildung von Politikwissenschaftler*innen dazugehören.

Eine mögliche Annahme in der Debatte über Normativität in der Hochschullehre sollte über Bord geworfen werden. Diese Annahme besteht darin, dass Lehrende entscheiden müssten, ob sie sich auf die Vermittlung von methodischen und analytischen Kompetenzen beschränken oder die Studierenden dabei unterstützen sollten, normative Positionen zu beziehen. Hier wird eine falsche Dichotomie aufgemacht – zumindest wenn mit dieser Gegenüberstellung gemeint ist, dass methodische und analytische Kompetenzen nichts mit Normativität zu tun hätten, oder dass normativ zu argumentieren unweigerlich bedeuten würde, sich in den Bereich bloßer persönlicher Meinungen zu bewegen. Normative Schlüsse argumentativ herzuleiten und damit auf eine transparente, für andere nachvollziehbare und überprüfbare Weise zu begründen, *ist* eine methodische und analytische Kompetenz. Die Frage, ob Lehrende sich auf die Vermittlung von methodischen und analytischen Kompetenzen konzentrieren oder Studierende dabei unterstützen sollten, normative Positionen zu beziehen, ist deshalb irreführend. Sie verkennt, dass die Vermittlung von Kompetenzen für das Erarbeiten von normativen Positionen selbst Teil der Vermittlung von methodischen und analytischen Kompetenzen ist.

Normatives Argumentieren als methodische und analytische Kompetenz

Auch wenn sich dieser Band auf die normativen Kompetenzen der Lernenden in ihrer Rolle als Studierende einer Wissenschaft konzentriert, nimmt er weder an, dass entsprechende Lerneffekte ohne Konsequenzen für das Selbstverständnis der Studierenden als Bürger*innen sind, noch dass es kein Anliegen politikwissenschaftlicher Hochschullehre sein sollte, Lernende *auch* in ihrer Rolle als Bürger*innen und politisch Aktive zu adressieren. Letzteres explizit zu tun, kann sich aus verschiedenen Gründen und in unterschiedlichen Lehr- und Lernkontexten als sinnvoll erweisen, zum Beispiel um die Erfahrungen und Vorannahmen zu reflektieren, die Lehrende und Lernende in diese Kontexte hineintragen. Für Reflexionen über die Rolle von Normativität in der politikwissenschaftlichen Hochschullehre ist es aber wichtig, die Vermittlung von Kompetenzen im Umgang mit Normativität als einen elementaren Bestandteil dessen zu begreifen, was es heißt, Lernende in ihrer Rolle als Studierende einer Wissenschaft zu adressieren und auszubilden. Studierende der Politikwissenschaft sollten ein methodisches Rüstzeug für die Analyse von normativen Gehalten sowie für die eigenständige Produktion von normativen Argumenten vermittelt bekommen.

Übungen für Lehr- und Lernkontexte

Übungen für die Lehrpraxis

Im Sinne der Praxisorientierung der *Kleinen Reihe Hochschuldidaktik* legt der vorliegende Band Wert darauf, seine Überlegungen zu Normativität und den ausgewählten Kompetenzen nicht bloß abstrakt auszuführen, sondern mit der Beschreibung von möglichen Übungen für die Lehrpraxis zu verbinden. Deshalb wird mit Blick auf jede der vier oben genannten Kompetenzen in zwei Schritten vorgegangen: Zuerst wird ausgeführt, warum es wichtig ist, die betreffende Kompetenz zu einem Thema und Anliegen der politikwissenschaftlichen Hochschullehre zu machen. Im Anschluss wird dann jeweils exemplarisch gezeigt, wie sich dieser Anspruch in der Lehrpraxis umsetzen ließe.

Die vorgeschlagenen Übungen sind Versuche, die jeweils ausgeführten konzeptionellen Überlegungen in breit einsetzbare Praxisübungen zu übersetzen, und sind durch eigene Erfahrungen aus Seminaren in der politikwissenschaftlichen Hochschullehre in Bachelor- und Masterstudiengängen informiert. Sie werden mit illustrierenden Inhalten präsentiert, stellen aber nur dort, wo es explizit ausgewiesen ist, eine Dokumentation von exakt in dieser Form erprobten Übungen dar. Das bedeutet, dass Lehrende, die von den vorgeschlagenen Übungen Gebrauch machen wollen, sie als Anregungen und Einladungen zum eigenen Experimentieren und nicht als fertige Blaupausen verstehen sollten. Je nach Inhalt und Format der betreffenden Lehrveranstaltung und Lernfortschritt der Studierenden können sich unterschiedliche Variationen als geeignet erweisen.

Der Band verzichtet bewusst darauf, mit den Übungen korrelierende Vorschläge für Prüfungsformate zu entwerfen. Brühl et al. argumentieren plausibel, dass es dem Einüben einer reflexiven Auseinandersetzung mit Normativität dienlich sein kann, Räume in Lehr- und Lernkontexten zu schaffen, die „nicht in die Benotung von Modulen einfließen" (Brühl et al. 2018: 772). Es erscheint sinnvoll, Leistungen von Studierenden in Übungen, die das Ziel haben, ihnen Kompetenzen für den Umgang mit Normativität zu vermitteln, nicht unmittelbar der Benotung zu unterstellen. Nicht zuletzt sollen die Auseinandersetzung mit unterschiedlichen Facetten von Normativität und die Partizipation in Übungen wie den in diesem Band konturierten Studierenden mögliche Vorbehalte oder Unsicherheiten im Umgang mit Normativität nehmen. Unter einem durch Benotungserwartung erzeugten Performance-Druck zu stehen, könnte sich negativ auf die Erfahrungen von Studierenden in diesen Übungen auswirken und ihre Ambitionen hemmen, die Übungen zu kreativen Aneignungsprozessen machen.

Unsicherheiten im Umgang mit Normativität nehmen

Aufbau des Bandes

Der Aufbau des Bandes ist eng an dem Ziel orientiert, die vier oben genannten Kompetenzen zu behandeln. In Kapitel 3 geht es um das Erkennen, Artikulieren und Charakterisieren von Normativität. Hier werden zunächst die Begriffe Normativität, Normen und Werte näher bestimmt und Normentypen unterschieden. Anschließend werden das Unterscheiden zwischen deskriptiven und normativen Aussagen sowie das Charakterisieren normativer Aussagen behandelt. Kapitel 4 ist dem normativen Argumentieren gewidmet. In einem ersten Schritt befasst es sich mit dem evaluierenden und in einem zweiten mit dem präskriptiven Argumentieren. Kapitel 5 schließlich thematisiert die Situiertheit von Normativität. Kapitel 6 führt vor dem Hintergrund des in dem Band präsentierten Ansatzes einige Überlegungen zur Rolle der Lehrenden aus. Der Band schließt mit einem kurzen Fazit.

3. Normativität erkennen, artikulieren und charakterisieren

Ein zentrales Anliegen politikwissenschaftlicher Hochschullehre sollte es sein, Studierenden analytische Kompetenzen für das Erkennen, Artikulieren und Charakterisieren von Normativität zu vermitteln. Solche Kompetenzen sind unerlässlich, weil ein Verständnis dafür, was Normativität ist, sowie Fähigkeiten, normative Gehalte identifizieren und formulieren sowie hinsichtlich ihrer Spezifika beschreiben zu können, erforderlich sind, um die Güte spezifischer normativer Gehalte bewerten zu können oder selbst für normative Ansprüche argumentieren zu können. In diesem Kapitel werden zunächst einige grundlegende Überlegungen dazu ausgeführt, was Normativität ist und welche analytischen Unterscheidungen hilfreich sind, um normative Aussagen näher zu beschreiben. Anschließend werden mögliche Übungen vorgeschlagen, mit denen sich die genannten Kompetenzen einüben lassen.

Voraussetzungen für normatives Argumentieren

Normativität, Werte, Normen

Eine basale Definition von Normativität lässt sich unter Verweis auf das *Sein-Sollen*-Merkmal formulieren. Normativ ist demnach etwas, das ein Sollen oder einen Wunsch bezüglich der Herstellung oder Wahrung eines bestimmten Zustandes in der Welt zum Ausdruck bringt. Diese Bedeutung des Normativen stellt sich scharf, wenn sie vom Deskriptiven unterschieden wird. Deskriptiv ist eine Aussage, die beschreibt, was der Fall ist. „Normative Aussagen [hingegen, M.W.] konstatieren nicht, was in der Welt der Fall ist, sondern was in ihr der Fall sein soll“ (van den Daele 2022: 145). Wenn ich zum Beispiel die Wahlkampfplakate der politischen Parteien in meiner Stadt betrachte und feststelle: „Auf keinem

Das Sein-Sollen-Merkmal

Deskriptive Aussagen

der Plakate wird der Klimawandel thematisiert“ tätige ich eine deskriptive Aussage. Ich beschreibe einen Sachverhalt und artikuliere, was der Fall ist. Wenn ich hingegen äußere: „Die Parteien erkennen schon wieder nicht an, dass der Klimawandel eine der größten politischen Aufgaben unserer Zeit ist, die es dringend anzugehen gilt“, treffe ich eine normative Aussage. Ich beschreibe dann nicht nur, was ich beobachte, sondern ich bewerte den beschriebenen Zustand und treffe eine Aussage in Bezug darauf, was der Fall sein *sollte*. In dem genannten Beispiel: Die politischen Parteien sollten dem Thema Klimawandel mehr Aufmerksamkeit schenken.

Worauf gründet die Normativität von Aussagen, die auf eine solche oder ähnliche Weise Wertungen oder Ansprüche – Vorstellungen von einem Sein-Sollen – artikulieren? Es ist sinnvoll, diesbezüglich zwischen Werten und Normen zu unterscheiden. „Werte sind Vorstellungen vom Wünschenswerten, kulturelle und religiöse, ethische und soziale Leitbilder, die die gegebene Handlungssituation transzendieren“ (Schäfers 2006: 36). Werte können insofern als die „allgemeinsten Grundprinzipien der Handlungsorientierung“ (Schäfers 2006: 36) bezeichnet werden, als sie etwas grundsätzlich Erstrebenswertes und Achtenswertes ausdrücken (Scherr 2016: 217). Als solche sind sie wichtige Grundlagen von Normativität.

Werte

Normen

Normen haben einen engen Bezug zu Verhalten und lassen sich als die Artikulation von Verhaltenserwartungen definieren. Ganz allgemein meint der Begriff „Norm“ zwar zunächst nicht mehr als „Winkelmaß, Richtschnur, Regel“ (Schäfers 2003: 30). Vor dem Hintergrund einer so allgemeinen Definition von Norm ließe sich auch von „Gegenstandsnormen“ sprechen, die zum Beispiel Normalzustände oder Standards formulieren (Schütze 2019: 96). Im Bereich sozialer Beziehungen interessieren uns jedoch soziale Normen, das heißt Normen, die das Feld sozialen Verhaltens betreffen und auf die eine oder andere Weise „explizit gemachte Verhaltensregeln“ (Schäfers 2003: 30) artikulieren. Jürgen Habermas spricht in diesem Zusammenhang auch von *„Handlungsnormen“*, in denen sich „zeitlich, sozial und sachlich

Handlungsnormen

generalisierte Verhaltenserwartungen" (Habermas 1998: 138; Hervorheb. M.W.) manifestieren.

Soziale Normen oder Handlungsnormen sind oft eng mit Werten verbunden. Eine Norm, die ein konkretes Sein-Sollen bezüglich des Handelns sozialer Akteur*innen formuliert, kann vor dem Hintergrund einer bestimmten Wertorientierung besonders sinnvoll oder geboten erscheinen. Normen unterscheiden sich aber von Werten, insofern sie einen direkten Handlungsbezug haben. Bernd Ladwig formuliert diesen Zusammenhang für den Bereich des Politischen folgendermaßen. Normen beziehen sich auf das Verfolgen bestimmter Absichten im politischen Handeln, während Werte diesen Absichten „Richtung" geben (Ladwig 2007: 179).

Normentypen

Kategorisierungen von Normentypen

Es gibt unterschiedliche Möglichkeiten, Normentypen zu kategorisieren. In Bezug auf die sozialen Normen oder Handlungsnormen, die hier von besonderem Interesse sind, schlägt Oliver Schütze (2019) in Anlehnung an Schnädelbach (1992) etwa vor, zwischen regelnden Normen, instrumentellen Normen und präskriptiven Normen zu unterscheiden (Schütze 2019: 96f.). Regelnde Normen sind dieser Systematisierung zufolge Normen, die bestimmen, „was man tun muss, um Handlungen einer bestimmten Art auszuführen" (Schnädelbach 1992: 85, zitiert nach Schütze 2019: 96). Dazu gehörten beispielsweise Benimmregeln – „Benutze Messer und Gabel zum Essen!" (Schütze 2019: 97) – sowie Normen, die die Bedingungen definieren, unter denen eine bestimmte Handlung einem allgemeineren Handlungstypus zugeordnet werden kann. Instrumentelle Normen artikulierten hingegen einen konditionalen Zusammenhang: „Wenn du *Y* willst, musst/solltest du *X* tun" (Schütze 2019: 97). Präskriptive Normen formulierten, welche Handlungen „‚erlaubt', ‚geboten', ‚verboten'" (Schütze 2019: 98) seien.

Während diese Systematisierung Normen auf der Grundlage verschiedener Arten des Sollens unterscheidet, schlägt Bernhard Schäfers (2006) vor, Normen anhand von folgenden Kriterien zu unterscheiden: dem „Grad des Bewusstseins", mit dem sie in Handlungen präsent sind; dem „Grad der Verbindlichkeit" und Möglichkeiten der Sanktionierung bei Nicht-Befolgung; dem Adressat*innenkreis und Handlungszusammenhängen; und dem subjektiven Sinn, der einer Norm zuerkannt wird – als wertvolle Regel, lästiges Muss o.ä. (Schäfers 2006: 31).

An die Handlungszusammenhänge oder -bereiche, in denen Normen entstehen bzw. auf welche sich die Regulierungsansprüche von Normen beziehen, lässt sich für eine Systematisierung von Normentypen anschließen, die vermutlich stärker mit einem Alltagsverständnis von Normen und ihren relevanten Unterschieden korrespondiert. Um Möglichkeiten einer solchen Systematisierung zu illustrieren, werden im Folgenden einige markante Unterschiede zwischen rechtlichen Normen, moralischen Normen, politischen Normen und kulturellen Normen benannt.

Rechtliche Normen

Rechtliche Normen sind rechtlich kodifizierte Normen, wie zum Beispiel ein legislativer Beschluss oder eine Verfassungsnorm wie der Artikel 1(1) des Grundgesetzes „Die Würde des Menschen ist unantastbar". Es handelt sich hierbei um Normen, „welche im jeweiligen Rechtssystem ordnungsgemäß gesetzt wurden und sozial wirksam sind – also in einem Mindestmaß befolgt und in einem Mindestmaß bei Nichtbefolgung sanktioniert werden" (Borowski 2022: 270). Eine Besonderheit rechtlicher Normen ist, dass sie eine allgemeine Verbindlichkeit haben und über Mittel rechtlicher Sanktionierung gegen den Willen Einzelner durchsetzbar sind.

Moralische Normen

Moralische Normen definieren, was Menschen einander in ihren alltäglichen sozialen Beziehungen schulden. Zwar ist in der Moralphilosophie umstritten, ob sich Moral angemessen „als ein Set von moralischen Normen" (Stemmer 2008: 22) verstehen lässt, aber gängige moralische Ansprüche lassen sich leicht als eine Norm formulieren. Beispiele dafür sind das Verbot zu lügen, oder das Gebot, ein einmal gegebenes Versprechen auch einzulösen. Mittel der Sanktionierung bei Verstößen sind bei moralischen Normen andere als bei rechtlichen Normen: Löst ein Freund nicht sein Versprechen ein, Sie zu einem Konzert zu begleiten, können sie dagegen keine Rechtsmittel einlegen, wohl aber beleidigt sein und von seiner nächsten Geburtstagsfeier fernbleiben.

Politische Normen

Politische Normen lassen sich Normen nennen, die das kollektive Handeln einer politischen Gemeinschaft betreffen. Solche Normen können sich entweder auf die Ziele von Politik beziehen (z.B.: Es gilt, Ordnung aufrechtzuerhalten.), auf politische Prozesse (z.B.: Politische Verfahren sollten fair und transparent sein.) oder auch auf das Verhalten einzelner Akteur*innen (z.B.: Politiker*innen sollten verantwortungsvoll agieren.). Strittig wird mindestens im Einzelfall sein, ob es sich hierbei um auf den politischen Bereich zugeschnittene moralische Normen handelt oder um Normen, die einer „im Politischen selbst“ (Münkler/Llanque 1998: 65) angelegten Normativität entspringen.

Kulturelle Normen

Kulturelle Normen sind Normen, die das Handeln von Menschen innerhalb jenes „handlungsrelevante[n], transindividuelle[n] Wissens-, Zeichen- oder Symbolsystem[s]“ (Straub 2004: 586) reguliert, das eine Kultur ausmacht. So unterschiedliche Dinge wie das religiös-traditionelle Gebot des Fastens oder die in bestimmten Kontexten breit geteilte Erwartung, dass ein Publikum klatscht, wenn ihm die künstlerische Darbietung auf der Bühne gefallen hat, lassen sich in diesem Sinne als kulturelle Normen bezeichnen.

Überschneidungen und Abgrenzungsschwierigkeiten

Es ist wichtig zu betonen, dass diese Unterscheidung weder alle potenziell relevanten Unterscheidungen von Normentypen abdeckt, noch klar abgrenzbare Normenkategorien definiert. Zweifelsohne haben beispielsweise viele Rechtsnormen – der genannte Art. 1 GG ist hierfür ein sehr gutes Beispiel – einen moralischen Gehalt. Ferner können politische Normen in unterschiedlichen kulturellen Kontexten variieren, was es zumindest in einigen Fällen schwierig machen kann, politische Normen von kulturellen Normen abzugrenzen. Auch auf die Frage, ob es sich bei einer bestimmten Norm um eine kulturelle oder um eine moralische handelt, mag es, je nach Fall, unterschiedliche Antworten geben. Nichtsdestotrotz ist diese Unterscheidung von Normentypen hilfreich, um die potenzielle Vielfalt an Grundlagen von Normativität zu veranschaulichen. Eine individuelle oder kollektive Handlung kann als geboten oder wünschenswert angesehen werden, weil sie mit einer rechtlichen, politischen, moralischen oder kulturellen Norm korrespondiert oder weil sie zumindest einen Zustand in der Welt herbeizuführen verspricht, der einer rechtlichen, politischen, moralischen oder kulturellen Norm stärker entspricht als der Status quo.

Diese Überlegung lässt sich an dem oben angeführten Beispiel veranschaulichen. Es könnte sein, dass meine normative Forderung nach einer intensiveren Thematisierung des Klimawandels auf den Wahlkampfagenden der politischen Parteien primär auf moralische Erwägungen rekurriert: Weil der Klimawandel die Lebensbedingungen für viele Menschen auf der Welt verschlimmern wird und es eine moralische Pflicht ist, das Leid von Menschen zu verhindern oder zumindest zu lindern, haben die politischen Parteien als diejenigen, die mit politischer Gestaltungsmacht ausgestattet sind, die moralische Pflicht, dem Thema mehr Aufmerksamkeit zu widmen. Es könnte aber auch sein, dass rechtliche Normen zentral sind für meine normative Aussage. Die zentrale Erwägung könnte dann etwa folgendermaßen lauten: Weil die Regierung das Pariser Klimaabkommen unterzeichnet hat und damit eine rechtlich bindende Verpflichtung eingegangen ist, müssen nun die entsprechenden politischen Taten folgen, die es möglich machen, das 1,5-Grad-Ziel tatsächlich noch zu erreichen oder – vielleicht realistischer – zumindest ein allzu dramatisches Zurückbleiben hinter diesem Ziel zu verhindern.

Pluralität und Normenkonflikte

Es ist wichtig zu betonen – und das zuletzt genannte illustrierende Beispiel ist geeignet, um diesen Punkt zu unterstreichen – dass das Feld der Normativität nicht harmonisch und konsensbasiert ist. Weil unterschiedliche Normentypen miteinander in Konflikt geraten können und Gewichtungen und Interpretationen von Normen in pluralistischen Gesellschaften vielfältig sind, muss die „Idee einer konfliktfreien Kooperation und Kommunikation auf der Grundlage geteilter Werte und Normen als wenig realitätstauglich gelten" (Scherr 2016: 221). Dieser Umstand sollte allerdings nicht zum Anlass genommen werden, die Beschäftigung mit Normativität in Lehr- und Lernkontexten zu scheuen. Im Ge-

genteil: Angesichts der Herausforderung, mit unterschiedlichen und konfligierenden normativen Ansprüchen umgehen zu müssen, sind Kompetenzen im Umgang mit Normativität umso bedeutsamer.

Deskriptive und normative Aussagen unterscheiden

Normativität identifizieren und artikulieren

Eine grundlegende Fähigkeit für den Umgang mit Normativität ist es, Normativität identifizieren und artikulieren zu können. Studierende sollten über Kompetenzen verfügen, zwischen normativen und nicht-normativen/deskriptiven Aussagen zu unterscheiden, um sowohl erkennen zu können, wann Sein-Sollens-Ansprüchen vorliegen, als auch eigenständig Sein-Sollens-Ansprüche formulieren zu können. Im Folgenden werden zwei mögliche Übungen beschrieben, die sich in ihrer thematischen Ausrichtung – je nach Inhalt der betreffenden Lehrveranstaltung – anpassen lassen. Während es in Übung 1 darum geht, normative Aussagen und deren Differenz zu deskriptiven Aussagen zu erkennen, umfasst Übung 2 die Aufgabe, selbst deskriptive und normative Aussagen zu formulieren.

Übung 1: Deskriptive und normative Aussagen in Bundestagsdebatten

Normative Aussagen identifizieren

In dieser Übung sollen sich die Studierenden mit dem Protokoll einer ausgewählten Bundestagsdebatte auseinandersetzen und sowohl Aussagen herausfiltern, die in die Kategorie „deskriptiv" fallen, als auch Aussagen, die in die Kategorie „normativ" fallen.

In einem ersten Schritt der Übung haben die Studierenden die Aufgabe, möglichst eindeutige Fälle zu identifizieren. Das Ziel ist, dass die Studierenden die allgemeinen und weitestgehend abstrakten Kriterien von „Beschreiben was ist" und „Formulieren was sein soll" eigenständig anwenden und so das Unterscheiden von deskriptiven und normativen Aussagen einüben.

Als illustrierendes Beispiel wird hier das Protokoll zur Debatte über eine SARS-CoV-2-Impfpflicht in der 13. Sitzung des Deutschen Bundestags vom 26. Januar 2022 herangezogen (Deutscher Bundestag 2022). Mögliche Ergebnisse einer Suche der Studierenden nach exemplarischen deskriptiven Aussagen könnten beispielsweise folgende sein:

„*Wenn wir auf die Zahlen schauen, stellen wir fest: 84 Prozent der Erwachsenen sind mittlerweile vollständig geimpft. 90 Prozent der Senioren sind mittlerweile geimpft.*" (S. 817)

„*Es gibt die Befürchtung, dass eine Impfpflicht zu mehr gesellschaftlicher Spaltung führe.*" (S. 818)

Mögliche Ergebnisse einer Suche nach exemplarischen normativen Aussagen könnten beispielweise folgende sein:

„*Deswegen sollte uns alle ein Anliegen einen, nämlich dass wir noch mal einen großen Anlauf machen, aufeinander zugehen und zum Impfen einladen, dass wir überzeugen, Sorgen ernst nehmen und Fragen beantworten.*" (S. 815)

„*Sich impfen lassen zu können, ist übrigens ein Privileg; wer kann, sollte es auch tun!*" (S. 818)

Indizien für „normativ" und „deskriptiv" bestimmen

Die Studierenden präsentieren ihre jeweiligen Funde und erläutern, welche Indizien ausschlaggebend dafür waren, dass sie die betreffende Aussage in die deskriptive oder normative Kategorie einsortiert haben (z.B. „sollte" als ein typisches Merkmal von normativen Aussagen).

In einem zweiten Schritt besteht die Aufgabe für die Studierenden darin, nach Grenzfällen suchen, also nach Aussagen, bei denen sie es schwierig finden, eine eindeutige Einsortierung als normativ oder deskriptiv vorzunehmen. Auf der Grundlage solcher Funde kann die Seminargruppe gemeinsam den Umstand reflektieren, dass Normativität nicht ausschließlich dort enthalten ist, wo das „Sollen" explizit formuliert wird.

Mögliche Ergebnisse der Suche nach Aussagen, bei denen eine eindeutige Kategorisierung als deskriptiv oder normativ schwieriger ist, könnten im hier genutzten Beispiel folgende sein:

„Ich möchte auch darauf hinweisen, dass die pauschalen Lösungen fast immer die schlechtesten Lösungen sind." (S. 817)

„Uns eint, liebe Kolleginnen und Kollegen, dass wir diese Pandemie endlich überwinden wollen. Impfen ist der Weg aus der Pandemie." (S. 818)

Mit dem ersten Satz trifft der Abgeordnete Tino Sorge der CDU/CSU-Fraktion eine der Form nach deskriptive Aussage. Mit dem Hinweis auf die „fast immer" schlechte Qualität „pauschaler" Lösungen wird in der betreffenden Debatte jedoch eine normative Position bezogen: Die politische Forderung nach einer allgemeinen Impfpflicht wird als problematisch bewertet. Auch der zweite Satz beschränkt sich nur oberflächlich betrachtet auf eine Beschreibung von Tatsachen. Indem sie die Aussage, dass Impfen „der Weg aus der Pandemie" sei, verknüpft mit dem Wunsch, der „[u]ns eint", formuliert Kirsten Kappert-Gonther (Bündnis 90/Die Grünen) die normative Position, dass es für alle, die die Pandemie überwinden möchten, ein Gebot der Vernunft sei, eine höhere Impfquote erreichen zu wollen – und die allgemeine Impfpflicht als Mittel zum Erreichen dieses Ziels zu unterstützen.

Reflexion der (schwierigen) Einsortierungen

In diesem Teil der Übung können sich die Studierenden darüber austauschen, warum es ihnen in manchen Fällen nicht leicht gefallen ist, eine klare Einsortierung als entweder deskriptiv oder normativ vorzunehmen. Lehrende sollten die Diskussion so strukturieren, dass die Studierenden die Schwierigkeiten, die sie diesbezüglich erfahren haben, nicht als ihr „Versagen" in der Anwendung der Kategorien erleben, sondern als Implikation der oft komplexen Verschränkung von normativen und deskriptiven Aussagen reflektieren. Natürlich kann es Fälle geben, in denen die Gruppe zu dem Ergebnis kommt, dass sich nach detaillierterer Prüfung und Abwägung der Indizien eine Zuordnung treffen lässt. Das Lernziel besteht darin, ein Verständnis für die vielfältigen Möglichkeiten zu schaffen, mit denen ein „Sein-Sollen" in politischen Debatten zum Ausdruck gebracht werden kann.

Übung 2: „Team deskriptiv" vs. „Team normativ"

Normative Aussagen artikulieren

Die Idee der zweiten Übung ist, dass die Studierenden selbst eine Debatte zu einem politischen Thema führen, das im Kontext der betreffenden Lehrveranstaltung steht. Die Seminargruppe wird hierfür in zwei Gruppen aufgeteilt. Die eine Gruppe repräsentiert „Team deskriptiv" und die andere „Team normativ". Jedes Team bekommt die Aufgabe, in der Debatte Aussagen zum gewählten Thema zu formulieren, die dem Attribut seines Teamnamens entsprechen. „Team deskriptiv" soll also ausschließlich deskriptive Aussagen zum gewählten Thema formulieren und „Team normativ" ausschließlich normative.

Abwechselnd führen die Teams ihre Aussagen an (möglichst so, dass im Laufe der Übung jedes Teammitglied mindestens einmal zu Wort kommt). Neben der zentralen Aufgabe, entweder nur deskriptive oder nur normative Aussagen zu tätigen, bietet es sich an, den Teams zwei weitere Aufgaben zu geben. Erstens sollen sie mit ihren Aussagen bestmöglich an die zuvor von dem anderen Team formulierte Aussage anschließen, indem sie auf diese inhaltlich Bezug nehmen. Zweitens soll jedes Team die Aussagen des anderen Teams kritisch prüfen und intervenieren, wenn es der Meinung ist, dass das andere Team einen Fehler gemacht hat – wenn also „Team deskriptiv" eine normative Aussage getätigt hat oder „Team normativ" in seiner Aussage kein Sein-Sollen artikuliert hat. Mit dem*der Lehrenden klärt die Seminargruppe dann, ob die Intervention gerechtfertigt war. Falls sie zu dem Ergebnis kommt, dass dies der Fall ist, bekommt das intervenierende Team einen Punkt. Nach der Hälfte der Zeit, die in der Seminarsitzung für die Durchführung der Übung eingeplant ist, können die Teams die Rollen wechseln: „Team deskriptiv" agiert in der zweiten Runde als „Team normativ" und umgekehrt.

Wie bei Übung 1 geht es auch bei Übung 2 darum, die Kompetenz der Studierenden zu schulen, begründet zwischen deskriptiven und normativen Aussagen zu unterscheiden. Anders als bei Übung 1 sortieren die Studierenden aber nicht mehr nur Aussagen, die von anderen getätigt wurden, sondern sind selbst auch die Produzent*innen von deskriptiven und normativen Aussagen in einer politischen Debattensituation. Dieser Perspektiv- und Rollenwechsel bietet eine besondere Chance, die Rolle von Normativität in politischen Debatten zu reflektieren. Es ist nämlich davon auszugehen, dass „Team deskriptiv" größere Schwierigkeiten haben wird, seine Aufgabe zu erfüllen als „Team normativ" und die Beiträge von „Team deskriptiv" von allen Beteiligten als Blockaden in dem Austausch wahrgenommen werden.

Normativität in politischen Debatten

Nehmen wir zu Illustrationszwecken an, dass die Übung zum Thema bedingungsloses Grundeinkommen durchgeführt wird. „Team normativ" tätigt zum Beispiel die Aussage: „Ein bedingungsloses Grundeinkommen sollte eingeführt werden, weil es wichtig ist, Menschen von existenziellen finanziellen Sorgen zu befreien." Hierauf mit einer rein deskriptiven Aussage zu antworten, bedeutet, den inhaltlichen Debattenbeitrag weitgehend zu ignorieren. So könnte „Team deskriptiv" etwa äußern: „Der Nutzen eines bedingungslosen Grundeinkommens ist umstritten" oder „Vorschläge zur Umsetzung eines bedingungslosen Grundeinkommens stoßen auf politischen Widerstand". Aber mit keiner solchen Aussage würde auf den von „Team normativ" artikulierten Sein-Sollen-Anspruch eingegangen. Der Austausch erhält dann eher den Charakter eines Flickenteppichs von unverbundenen Aussagen als denjenigen einer politischen Debatte.

Wenn die Aufgabe, auf die Äußerungen von „Team normativ" mit rein deskriptiven Aussagen zu reagieren, von den Studierenden als schwierig oder künstlich empfunden wird, ließe sich auf dieser Grundlage gut die normative Sättigung von politischen Debatten thematisieren. Es gehört zu politischen Debatten, die auf kollektiv verbindliche Regelungen abzielen, dazu, dass Sein-Sollen-Ansprüche verhandelt werden. Übung 2 kann deshalb zwei Lernziele verzahnen: das Festigen der Kompetenz, zwischen deskriptiven und normativen Aussagen zu unterscheiden, und die Reflexion über den genuin normativen Charakter von politischen Debatten.

Normative Aussagen charakterisieren

Neben den Kompetenzen, normative Aussagen erkennen und artikulieren zu können, gehört zu dem Set an grundlegenden Kompetenzen für einen selbstständigen und kritischen Umgang mit Normativität auch die Kompetenz, die Spezifika von normativen Aussagen erfassen und charakterisieren zu können. Wenn ich zum Beispiel eine normative Aussage, mit der ich in einer politischen Diskussion konfrontiert werde, bewerten möchte (um die Evaluation als eine spezifische Form des normativen Argumentierens wird es in Kapitel 4 gehen), muss ich zunächst erfassen, welcher Art die betreffende Normativität ist. Hier erweist sich die Unterscheidung von Normentypen (vgl. S. 16–17) als hilfreich. Habe ich es zum Beispiel mit einem ethischen Anspruch zu tun? Fordert mein Gegenüber eine bestimmte Handlung ein, weil es die Gepflogenheiten eine kulturellen Kontextes erfordern? Wird auf eine bestimmte Rechtsgrundlage Bezug genommen?

Spezifika normativer Aussagen erfassen und charakterisieren

Zwar bestimmt die Art der Normativität an sich noch nicht, welche Antwort auf einen jeweils formulierten Sein-Sollen-Anspruch angemessen wäre. Das Spezifische der Normativität von artikulierten Sein-Sollen-Ansprüchen zu erfassen, ist aber eine Voraussetzung dafür, dass ich hinreichend verstehe, worum es meinem Gegenüber geht, um dann gegebenenfalls zu einer begründeten Reaktion gelangen zu können.

Sein-Sollen-Ansprüche verstehen

An dieser Stelle bewegen wir uns schon in die Struktur normativer Argumente hinein, die ausführlicher in Kapitel 4 behandelt wird. Denn das artikulierte Sein-Sollen gibt für sich betrachtet oft noch keinen Hinweis darauf, mit welcher Art von Normativität wir es in einem konkreten Fall zu tun haben. Die Aussage „Politiker*innen müssen schärfere Maßnahmen zur Eindämmung der Klimakatastrophe ergreifen" ist offenkundig eine normative Aussage mit einer expliziten Aufforderung zum politischen Handeln, aber sie gibt keine Auskunft über die Art der zugrundeliegenden normativen Ansprüche. Wie zu Beginn von Kapitel 3 beschrieben wurde, könnte es etwa sein, dass ihr moralische Erwägungen zugrunde liegen (z.B.: das Leid von Menschen muss verhindert werden) oder rechtliche (z.B.: die Unterzeichnung des Pariser Klimaabkommens ist rechtlich bindend). Ferner könnten dieser normativen Aussage auch politische Erwägungen zugrunde liegen (z.B.: Frieden und Stabilität müssen gewahrt werden), oder es könnte eine Kombination all dieser Erwägungen vorliegen. Kurz gesagt: Um das Spezifische einer normativen Aussage zu bestimmen, müssen wir uns nicht nur mit dem auseinandersetzen, was gemäß der betreffenden Aussage der Fall sein soll, sondern auch mit dem, worauf sich die Artikulation des Sein-Sollens stützt. Übung 3 gibt eine Anregung, wie diese Analyseperspektive in Seminarkontexten eingeübt werden kann.

Übung 3: Positionierungen in politischen Kontroversen charakterisieren

Die Seminargruppe wählt für diese Übung eine politische Kontroverse über einen Gegenstand aus, der für das jeweilige Seminarthema einschlägig ist. In einem Seminar zum Thema Politik und Religion und/oder Multikulturalismus könnte es sich dabei beispielsweise um die politische Kontroverse über die Frage handeln, ob es Lehrerinnen und staatlichen Amtsträgerinnen erlaubt sein sollte, während der Ausübung ihres Berufs ein Kopftuch zu tragen. Die Studierenden erhalten dann die Aufgabe, von unterschiedlichen politischen Akteur*innen geäußerte normative Positionen zu dieser Frage zu recherchieren und das betreffende Material (z.B. Protokolle, Interviewtexte, Pressemitteilungen, Zeitungsartikel, o.ä.) mit Blick auf Indizien zu analysieren, die Auskunft über die Art der Erwägungen geben, die der jeweils artikulierten normativen Position zugrunde liegen.

Bezugspunkte normativer Positionen: Indiziensuche

Es bietet sich an, die Studierenden für die Durchführung dieser Übung in zwei Gruppen einzuteilen und die Studierenden der einen Gruppe Pro-Positionen und die Studierenden der anderen Gruppe Contra-Positionen recherchieren zu lassen. Jede*r Studierende*r hat dann die Aufgabe, Äußerungen von unterschiedlichen politischen Akteur*innen identifizieren, denen sie Hinweise darauf entnehmen können, welcher Art die relevante Normativität ist – ob also etwa auf ethische, rechtliche, politische oder kulturelle Normen Bezug genommen wird. Nach der vereinbarten Recherchezeit stellen

Studierende aus beiden Gruppen ihre Ergebnisse vor und präsentieren, (a) welche*r politische*r Akteur*in sich in den recherchierten Beispielen wie zu dem Gegenstand der politischen Kontroverse geäußert hat, (b) wie sie die Art der relevanten normativen Erwägungen charakterisieren würden und (c) welche Merkmale der getätigten Äußerungen hierfür die ausschlaggebenden Indizien waren.

Bezüge auf (unterschiedliche) Normentypen

Während es Fälle geben wird, in denen eine eindeutige Charakterisierung möglich ist, wird es vermutlich oft auch Rechercheergebnisse geben, die Bezüge auf unterschiedliche Normentypen enthalten. Zu Illustrationszwecken wird hier angenommen, dass die Übung zu der Kontroverse über ein Kopftuchverbot für Lehrerinnen im Schulunterricht durchgeführt wird. 2004 hat sich der ehemalige Bundespräsident Johannes Rau in einer Rede mit dem Thema befasst und sich gegen ein solches Verbot positioniert. Diese Rede könnte also ein mögliches Rechercheergebnis sein.

Rau nimmt hier einerseits auf eine rechtliche Norm Bezug – die im Grundgesetz verankerte Religionsfreiheit:

„Ich bin der festen Überzeugung, dass wir nicht ein Symbol einer Religion – und das ist das Kopftuch jedenfalls auch – verbieten und dennoch glauben können, wir könnten alles andere beim Alten lassen. Das ist mit der Religionsfreiheit, die unser Grundgesetz allen Menschen garantiert, nicht vereinbar […].“ (Rau 2004)

Andererseits stützt Rau seine Positionierung auch auf eine normative Erwägung, die sich als politisch-kulturell charakterisieren lässt:

„Ich fürchte nämlich, dass ein Kopftuchverbot der erste Schritt auf dem Weg in einen laizistischen Staat ist, der religiöse Zeichen und Symbole aus dem öffentlichen Leben verbannt. Ich will das nicht. Das ist nicht meine Vorstellung von unserem seit vielen Jahrhunderten christlich geprägten Land.“ (Rau 2004)

Während der Bezug auf das „christlich geprägte[n] Land“ der Normativität von Raus Positionierung eine kulturelle Qualität verleiht, lässt sich der Hinweis, dass ein Kopftuchverbot in Richtung eines – nach Ansicht Raus zu vermeidenden – laizistischen Staates weisen würde, als eine politische Erwägung charakterisieren. Somit haben wir es hier mit einem Beispiel für eine Aussage zu tun, die sich auf ein Konglomerat an rechtlichen, kulturellen und politischen Normen stützt.

Charakterisierungen gemeinsam überprüfen

In der Ergebnispräsentation sollte es zwar primär darum gehen, dass Studierende und Lehrende im Lichte der angeführten Indizien überprüfen, ob die jeweils vorgeschlagenen Charakterisierungen der recherchierten normativen Aussagen plausibel sind. Die Aufteilung der Studierenden in eine Gruppe, die sich mit Pro-Positionen befasst, und eine Gruppe, die sich mit Contra-Positionen befasst, ermöglicht es aber darüber hinaus, die Übung mit einer gemeinsamen Reflexion über die Verteilung von Bezügen auf Normentypen in der behandelten Kontroverse abzuschließen. Gibt es markante Häufungen von Bezügen auf normative Erwägungen eines bestimmten Typs auf Seiten der Pro- oder der Contra-Positionierungen? Falls ja – wie ließen sich diese Häufungen interpretieren? Was können wir ausgehend von den Ergebnissen der Rechercheübung über die behandelte politische Kontroverse lernen? Eine Auseinandersetzung mit solchen und ähnlichen Fragen würde die Studierenden dazu einladen, über die Rolle derjenigen, die die recherchierten Beiträge zu der ausgewählten Debatte analysieren, hinauszugehen und eine einordnende Charakterisierung der Debatte auf Grundlage ihrer Ergebnisse vorzunehmen.

4. Normatives Argumentieren

In diesem Kapitel geht es um das normative Argumentieren. Obwohl das Argumentieren „die wichtigste und anspruchsvollste unter den vielen Typen sprachlicher Handlungen [ist], die (Politik-)Wissenschaftlerinnen beherrschen müssen", wie Petra Stykow es formuliert, wird es im Studium in der Regel „nicht ausdrücklich gelehrt" (Stykow 2020: 224). Die Überlegungen und Übungsvorschläge in Kapitel 4 sollen Lehrenden eine Handreichung bieten, um das Vermitteln von normativen Argumentationskompetenzen zu einem expliziten Ziel der Lehre zu machen. Während der erste Teil von Kapitel 4 das evaluative Argumentieren behandelt – die Produktion von Bewertungen einer Handlung oder eines Sachverhalts – geht es im zweiten Abschnitt um die präskriptive Argumentation – die Produktion von Aussagen darüber, welche Handlungen oder Sachverhalte geboten oder wünschenswert sind.

Begründungszusammenhänge herstellen

Ein grundlegendes Merkmal von Argumenten ist, dass sie einen Begründungszusammenhang herstellen. Argumentieren bedeutet ganz allgemein, „eine Aussage durch eine andere Aussage zu untermauern, sodass sie akzeptiert werden kann: Das Publikum soll von der Gültigkeit der betreffenden Aussage überzeugt werden" (Stykow 2020: 226). Bayertz und Kampa (2016) stellen deshalb fest, dass die Struktur von Argumenten zwei Elemente umfasst. „Das eine ist die Aussage, *für die* argumentiert wird" (Bayertz/Kampa 2016: 41).

Konklusion und Prämisse

Diese Aussage wird auch Konklusion genannt. Das zweite Element der Struktur eines Arguments sind Aussagen, „die als Gründe fungieren können" (Bayertz/Kampa 2016: 41). Solche Aussagen werden auch Prämissen genannt. Sie haben die Funktion, die Gültigkeit der Konklusion zu plausibilisieren und dem Publikum der argumentierenden Person darzulegen, warum es die betreffende Konklusion akzeptieren sollte. Weil Gesprächspartner*innen „*mit* den Gründen *von* der These" überzeugt werden sollen, müssen Prämissen und Konklusion „auf geeignete Weise miteinander *verbunden* sein“ (Bayertz/Kampa 2016: 41). Das bedeutet: „Der ‚Trick‘ des Argumentierens besteht darin, dass meinem Gesprächspartner, wenn er erst einmal die Prämissen akzeptiert hat, keine andere Wahl bleibt, als auch die Konklusion zu akzeptieren“ (Bayertz/Kampa 2016: 41).

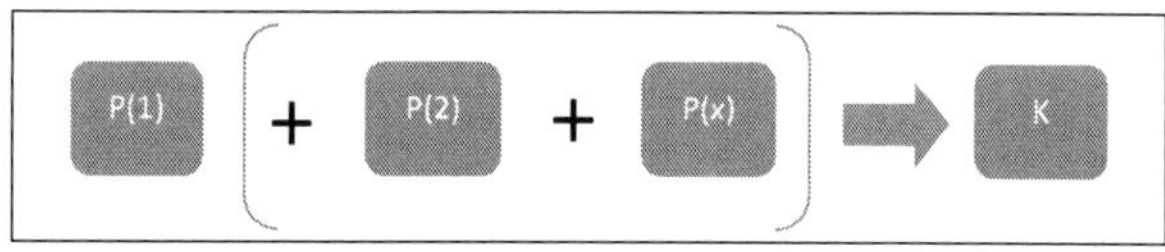

Darstellung 1: Die Struktur von Argumenten

Kapitel 3 hat sich auf das Erkennen, Artikulieren und Charakterisieren von normativen Aussagen (in Abgrenzung von deskriptiven Aussagen) konzentriert und damit potenzielle Bausteine von Argumenten behandelt. Aber erst in der Verknüpfung mit Prämissen wird aus einer normativen Aussage eine Konklusion im Sinne eines Teils eines Arguments. Und um die Kunst dieser Verknüpfung soll es im Folgenden gehen.

Übung 4: Konklusion sucht Prämisse

Diese Übung kann durchgeführt werden, um die Struktur von Argumenten zu reflektieren und Studierende für die Zusammenhänge von Prämissen und Konklusionen in Argumenten zu sensibilisieren.[1] Es sind zwei Teile für diese Übung vorgesehen.

Schematische Darstellungen von Argumenten ergänzen

Im ersten Teil wird mit lückenhaften schematischen Darstellungen von Argumenten gearbeitet. Das bedeutet, dass in schematischen Darstellungen von Argumenten, welche von

1 Diese Übung wurde im Rahmen von Tutorien durchgeführt, die eine von Prof. Dr. Kurt Bayertz geleitete Einheit in der Studienwoche des Weiterbildungsstudiengangs „Angewandte Ethik“ an der Universität Münster im März 2021 begleitet haben. Die Autorin war als Teil des Tutor*innen-Teams an der Konzeption und Durchführung der Übung beteiligt, die hier nur in leicht abgewandelter Form wiedergegeben wird.

den Lehrenden im Vorfeld vorbereitet werden, entweder nur ein Teil der Prämissen angegeben wird, die für eine Begründung einer Konklusion erforderlich sind, oder die Konklusion ausgespart wird. Die Studierenden haben dann die Aufgabe, die entsprechenden Lücken zu füllen.

Beispiel 1:

P1 Liberale Demokratien lassen Proteste zu.

P2 ?

K Land x ist keine liberale Demokratie.

P2 ließe sich beispielsweise füllen mit: In Land x sind Proteste verboten/werden Proteste gewaltsam unterdrückt.

Beispiel 2:

P1 Maßnahmen zum Schutz des gesellschaftlichen Friedens sind sinnvoll.

P2 Maßnahme x würde den gesellschaftlichen Frieden schützen.

K ?

K ließe sich beispielsweise füllen mit: Maßnahme x ist eine sinnvolle Maßnahme.

Die Beispiele lassen sich je nach Inhalt der betreffenden Lehrveranstaltung thematisch beliebig ausgestalten. Zwar wirken die schematischen Darstellungen von Argumenten in gewisser Weise ‚steril'. Sie sind jedoch geeignet, um anhand klarer Beispiele die Struktur von Argumenten nachzuvollziehen. Weniger ‚steril' ist dann die Auseinandersetzung mit Argumenten in Begründungsbemühungen in der politischen Praxis, die Kern des zweiten Teils der Übung ist.

Das Arbeitsmaterial dieses Teils der Übung ist ein dem Bundestag zur Beschlussfassung vorgelegter Antrag, der neben dem zur Beschlussfassung empfohlenen Text auch eine dazugehörige Begründung liefert. Die Studierenden erhalten die Aufgabe, Konklusionen und Prämissen in dem Text zu identifizieren und zu rekonstruieren, in welchem Zusammenhang die identifizierten Konklusionen und Prämissen stehen.

Konklusionen und Prämissen identifizieren

Für die Präsentation der Ergebnisse kann dann wiederum das im ersten Teil der Übung eingeführte Instrument der schematischen Darstellung genutzt werden.

Ein mögliches Dokument, das als Arbeitsgrundlage für diesen Teil der Übung dienen kann, ist die Beschlussvorlage „Schutz der Menschenwürde angesichts der biomedizinischen Möglichkeiten – Kein Import embryonaler Stammzellen" (Deutscher Bundestag 2002). Die normativen Konklusionen sind leicht auszumachen: Der Import von Stammzellen, die aus menschlichen Embryonen gewonnen wurden, sollte verboten werden; und Forschungsalternativen (z.B. Forschung an adulten Stammzellen) sollten verstärkt gefördert werden. Der Begründungsteil der Beschlussvorlage umfasst eine ganze Reihe an Aussagen, bei denen es sich um Prämissen der Argumente handeln könnte, zum Beispiel:

„Menschliches Leben beginnt […] mit der Verschmelzung von Ei- und Samenzelle. Deshalb ist die Tötung menschlicher Embryonen ethisch nicht vertretbar."

„Durch die Zulassung des Imports embryonaler Stammzellen würde mittelbar auch die Art ihrer Gewinnung gebilligt."

„Eine Beschränkung auf nur wenige embryonale Stammzelllinien durch eine strenge Importregelung wäre dauerhaft nicht aufrechtzuerhalten."

Es ist aber weniger klar, welche Rolle die jeweiligen Aussagen für die Begründung der identifizierten Konklusionen spielen, da die Zusammenhänge der Aussagen oft nicht explizit gemacht sind.

Nachdem in der großen Gruppe die Konklusionen geklärt wurden und somit alle Beteiligten ein Verständnis davon haben, was das Argumentationsziel der Vorlage ist, bekommen die Studierenden die Aufgabe – entweder einzeln oder in Kleingruppen – Aussagen aus dem Text herauszufiltern, die als Prämissen für die identifizierten Konklusionen fungieren können, und diese Prämissen so zu sortieren, dass sie

Gültige Argumente rekonstruieren

in Kombination mit der Konklusion bzw. den Konklusionen ein gültiges Argument ergeben. Schließlich werden die Ergebnisse, die die Studierenden zwecks Übersichtlichkeit in schematischen Darstellungen dokumentieren, verglichen. Die Seminargruppe reflektiert die Ergebnisse, indem sie anhand von Beispielen die Gültigkeit der erarbeiteten schematischen Darstellungen überprüft, mögliche Lücken in den dokumentierten Argumentationsstrukturen identifiziert und insbesondere auch diskutiert, wie Unterschiede zwischen den erarbeiteten schematischen Darstellungen zu deuten sind. Sind einzelne Darstellungen fehlerhaft? Liefert der Text Begründungsfragmente für verschiedene mögliche Kombinationen von Prämissen und Konklusion(en)? Waren die im Text genannten Prämissen gegebenenfalls lückenhaft, sodass die Konstruktion eines gültigen Arguments es erforderlich gemacht hat, eigenständig nicht genannte Prämissen zu ergänzen?

Diese Übung verfolgt zwei Lernziele. Erstens schärfen die Studierenden ihr methodisches Vermögen, zwischen Konklusionen und Prämissen zu unterscheiden sowie zwischen Aussagen, die den Status von Prämissen haben, und Aussagen, die diesen Status nicht haben, weil sie keine Begründungsfunktion in dem jeweils relevanten Argumentationszusammenhang spielen. Das wird vor allem dadurch ermöglicht, dass im zweiten Teil der Übung nicht mit einer schon vorsortierten schematischen Darstellung begonnen wird, sondern ein ‚rohes' Material aus der politischen Praxis den Startpunkt bildet und die schematische Darstellung von Argumenten das Ziel der Analyse ist.

Zweitens bietet der zweite Teil der Übung die Möglichkeit, über die Rolle von Argumenten in der politischen Praxis zu reflektieren. Diese haben oft nicht die Gestalt von methodisch sorgfältig aufbereiteten Argumenten. Die Studierenden erfahren in der Übung, dass und inwiefern methodisches Wissen um die Bestandteile von Argumenten und die Zusammenhänge von Prämissen und Konklusionen in einem gültigen Argument hilfreiche Instrumente bieten, um die Plausibilität von Argumenten in politischen Debatten zu überprüfen.

Evaluation

Handlungen oder Sachverhalte bewerten

Wenden wir uns nun spezifischen Formen des normativen Argumentierens zu. Die erste Form, die hier in den Blick genommen werden soll, ist das evaluative Argumentieren, in dem es um die *Bewertung* von Handlungen oder Sachverhalten geht. In Alltagskontexten treffen wir ständig evaluative Aussagen, zum Beispiel wenn wir das Verhalten einer anderen Person als „zuvorkommend", eine Äußerung als „unfreundlich" oder einen Vorschlag als „mutig" bewerten. Solche evaluativen Urteile treffen wir oft intuitiv und ohne weitere Erläuterung. Es kann dann aber die Nachfrage von anderen sein, die uns dazu anhält, unser evaluatives Urteil zu begründen. Die interessierte Nachfrage „Wie kommst du darauf?" oder „Warum siehst du das so?" hält uns dazu an, Begründungen für unsere jeweilige Bewertung zu liefern. Sofern wir das tun, sind wir dabei, für die geäußerte normative Aussage zu argumentieren und entfalten ein normatives Argument.

Evaluative Aussagen begründen

Was wir in Alltagskontexten oft nur auf Nachfrage tun, ist eine Grundregel des wissenschaftlichen Arbeitens. Evaluative Aussagen müssen begründet werden und können insofern nicht für sich stehen, sondern sollten Teil eines Arguments sein. Denn wenn die Prämissen einer evaluativen Aussage und die (beanspruchten) Zusammenhänge zwischen den Prämissen und der evaluativen Aussage transparent gemacht werden, ist es anderen möglich, den Begründungszusammenhang und damit auch die Plausibilität der normativen Konklusion selbst nachzuvollziehen und gegebenenfalls zu überprüfen.

Das evaluative Argumentieren lässt sich im Seminarkontext einüben, indem die Studierenden evaluative Aussagen über eine bestimmte Handlung oder einen bestimmten Sachverhalt formulieren, die sie mit stützenden Prämissen verbinden und auf diese Weise in einen argumentativen Zusammenhang einbetten. Anders als bei Übung 4 sind die Studierenden hier also nicht mehr nur in der Rolle analysierender Beobachter*innen, die normative Argumente identifizieren, rekonstruieren und kritisieren, sondern sie *produzieren* selbst normative Argumente.

Übung 5: Politische Handlungen begründet bewerten

Evaluatives Argumentieren einüben

In dieser Übung bekommen Studierende die Aufgabe, eine konkrete politische Handlung zu bewerten. Die gewählte politische Handlung sollte in einem engen Zusammenhang mit dem Thema des betreffenden Seminars stehen, sodass die Studierenden aus dem Fundus des im Seminar behandelten Materials schöpfen können, um eine Bewertung der betreffenden Handlung vorzunehmen. Es bietet sich ferner an, für diese Übung einen kontroversen Fall zu wählen, sodass ein Spielraum für Positionierungen besteht und nicht zu schnell eine einhellige Einschätzung in der Gruppe entsteht, die niemand herausfordern möchte. Ein mögliches Beispiel wären die Protestaktionen der *Letzten Generation* im Kontext eines Seminars, das sich mit nicht-konventionellen Formen politischer Partizipation und der Rolle von zivilem Ungehorsam in der Demokratie beschäftigt. Es sind gerade Diskrepanzen zwischen evaluativen Argumenten, die wechselseitige kritische Rückfragen motivieren und so eine Überprüfung der Plausibilität angeführter Wertungen ermöglichen.

Podiumsdiskussion

Die Übung sieht die Inszenierung einer Podiumsdiskussion vor, für die die Studierenden in drei Gruppen eingeteilt werden und unterschiedliche Rollen übernehmen. Gruppe 1 hat die Aufgabe, die betreffende politische Handlung zu verteidigen bzw. zu rechtfertigen. Gruppe 2 hat die Aufgabe, die betreffende politische Handlung zu kritisieren. Gruppe 3 übernimmt die Rolle des interessierten Publikums, das die Diskussion verfolgt und die Aufgabe hat, die Diskutierenden auf dem Podium zu ihren jeweiligen Positionen zu befragen. Alle Teilnehmenden bekommen in der Vorbereitung zunächst Material zur Verfügung gestellt, das Informationen über die ausgewählte politische Handlung enthält (z.B. mediale Berichterstattung, Pressemitteilungen, Videos, Social Media-Beiträge o.ä.). Jede Gruppe bekommt dann Zeit, um auf Grundlage dieser Informationen und der bereits behandelten Seminarinhalte eine Argumentations- bzw. Fragestrategie für die Podiumsdiskussion vorzubereiten. Das bedeutet: Gruppe 1 berät, was die beste Argumentation für eine Verteidigung der betreffenden politischen Handlung ist und

Gruppe 2 tut das Gleiche mit Blick auf die Kritik an der betreffenden politischen Handlung. Gruppe 3 sammelt eine Liste an Gesichtspunkten, die sie für relevant für Bewertungen der betreffenden politischen Handlung hält.

Begründet befürworten und ablehnen

Für die Podiumsdiskussion sollte ein Zeitrahmen festgelegt werden, der (a) Eingangsstatements umfasst, in denen Vertreter*innen von Gruppe 1 und Gruppe 2 Begründungen für ihre Ablehnung bzw. Befürwortung der betreffenden politischen Handlung präsentieren, sowie (b) Zeitfenster für die hieran anschließende Diskussion, in denen die Vertreter*innen die Argumentationen der Gegenseite befragen und ihre eigenen Argumentationen im Lichte der an sie gerichteten Fragen anreichern oder korrigieren können. Die moderierenden Lehrenden unterbrechen die Diskussion auf dem Podium in bestimmten Zeitabständen, um dem Publikum Gelegenheiten zu geben, Fragen an beide Parteien zu richten und Schwachstellen in den Argumentationen zu identifizieren.

Nach Beendigung der Podiumsdiskussion verlassen die Studierenden ihre Rollen als Verteidiger*innen oder Kritiker*innen der betreffenden politischen Handlung, sodass die Seminargruppe gemeinsam die Ergebnisse der Diskussion reflektieren kann. Hierfür kann es sich anbieten, die Kernelemente der präsentierten (und im Laufe der Podiumsdiskussion gegebenenfalls weiterentwickelten) evaluativen Argumente in schematischen Darstellungen zusammenzufassen. Eine gemeinsame Reflexion von Stärken und Schwächen der jeweiligen Argumente gibt den zuvor ‚parteiischen' Studierenden die Gelegenheit, jenen Perspektivenwechsel zu reflektieren, den sie im Übergang von der Rolle derjenigen, die eine spezifische Bewertung der betreffenden politischen Handlung begründet haben, zur Rolle derjenigen, die gemeinsam mit anderen die Qualität der angeführten Argumentationen evaluieren, vornehmen.

Präskription

Die zweite Form normativen Argumentierens, die hier betrachtet werden soll, ist das präskriptive Argumentieren. Anders als im Falle des evaluativen Argumentierens geht es dabei nicht um die Bewertung von Handlungen oder Sachverhalten, sondern um die Produktion von Aussagen darüber, welche wünschenswerten Handlungen durchgeführt oder Sachverhalte hergestellt werden sollten. Das Ziel normativen Argumentierens im präskriptiven Sinn ist es, zu begründen, warum und inwiefern es wünschenswert ist, eine bestimmte Handlung durchzuführen oder einen bestimmten Sachverhalt herzustellen.

Aussagen zu wünschenswerten Handlungen oder Sachverhalten begründen

Diese sich zu Handlungsoptionen positionierende Form normativen Argumentierens ist in besonderer Weise wichtig für die Politik. Schließlich ist es die Kernaufgabe von Politik, allgemeinverbindliche Entscheidungen über die Regelung kollektiver Herausforderungen und die Gestaltung gesellschaftlicher Kooperationszusammenhänge zu treffen. In gewisser Weise ist Politik somit immer – auch wenn sie sich im Hier und Jetzt und unter den Parametern einer gegebenen Situation vollzieht – auf die Zukunft gerichtet und realisiert bestimmte Gestaltungsoptionen, während sie andere verwirft oder gar nicht erst erwägt. Politische Akteur*innen, die sich in den kontroversen Austausch über Gestaltungsoptionen einbringen, stehen vor der Herausforderung, nicht nur Vorschläge für politische Gestaltungsoptionen zu formulieren, sondern auch möglichst gut zu begründen, aus welchen Gründen diese Gestaltungsoptionen wünschenswert sind.

Die Relevanz präskriptiven Argumentierens für Politikwissenschaftler*innen

Politikwissenschaftler*innen sind in potenziell zwei Rollen mit der Aufgabe präskriptiven Argumentierens konfrontiert. Erstens kann das präskriptive Argumentieren ein elementarer Bestandteil der wissenschaftlichen Arbeit an sich sein. Wenn Politikwissenschaftler*innen beispielsweise die Fragen bearbeiten, wie Demokratien mit Populist*innen umgehen sollten (z.B. Kaltwasser 2017) oder welche Reformen und Innovationen gute Neuerungen in den institutionellen Gefügen gegenwärtigen Demokratien darstellen könnten (z.B. Merkel/Ritzi 2017), sind sie als Forschende mit der Aufgabe präskriptiven Argumentierens befasst. Wenn Politikwissenschaftler*innen von medialen Akteur*innen als Expert*innen zu politischen Themen befragt werden oder in Organisationen arbeiten, die auf die eine oder andere Weise in politische Prozesse involviert sind, ist zweitens häufig ihre Einschätzung dazu gefragt, was richtige politische Maßnahmen im Umgang mit bestimmten Herausforderungen wären. Die Einnahme einer solchen Rolle macht es dann oft erforderlich, vor dem Hintergrund von (ggf. eigenen) Forschungsarbeiten präskriptive Argumente zu entwickeln.

Es gibt also besondere Gründe für Studierende der Politikwissenschaft, die Praxis präskriptiven Argumentierens einzuüben, die mit dem Gegenstand ihrer Wissenschaft, besonderen Aufgaben politikwissenschaftlichen Arbeitens und spezifischen Anforderungen an Politikwissenschaftler*innen in naheliegenden Arbeitsfeldern nach dem Studium zu tun haben.

Übung 6: Politische Handlungen begründet vorschlagen

Präskriptives Argumentieren einüben

Um das präskriptive Argumentieren im Seminarkontext einzuüben, bietet es sich an, eine offene Frage nach wünschenswerten politischen Handlungsoptionen zu formulieren. In der Formulierung der Frage muss zwar die Herausforderung benannt sein, auf die mit zukünftigen politischen Handlungen reagiert werden soll, aber die möglichen Handlungsoptionen sollten nicht vordefiniert sein. Auf diese Weise lässt sich sicherstellen, dass die Studierenden über den Modus des evaluativen Argumentierens hinausgehen. Entsprechend offene Fragen könnten beispielsweise lauten: Wie sollten gegenwärtige Demokratien mit dem Problem wachsender sozialer Ungleichheit umgehen? Was wäre eine gute politische Möglichkeit, auf die zunehmende Spaltung zwischen Impfgegner*innen und Impfbefürworter*innen zu reagieren? Wie sollten Bürger*innen in die politischen Entscheidungsverfahren auf EU-Ebene eingebunden sein?

Politische Handlungsvorschläge formulieren und begründen

Die Festlegung einer entsprechend offenen Frage kann zur Grundlage einer Übung im Seminarkontext gemacht werden, die eine intensive Arbeit in Kleingruppen mit einer gemeinsamen Reflexion in der großen Gruppe kombiniert. Im ersten Teil der Übung diskutieren die Studierenden die definierte Frage zu zweit oder zu dritt. Die Aufgabe jeder Kleingruppe ist es, einen politischen Handlungsvorschlag zu formulieren und zu begründen. Das dabei entstehende Argument soll schematisch dargestellt werden, das heißt, die Studierenden verschriftlichen die politische Handlungsempfehlung, für die sie argumentieren möchten (als Konklusion) und notieren (als Prämissen) diejenigen Erwägungen, die sie für ausschlaggebend dafür erachten, die betreffende politische Handlungsoption als wünschenswert auszuweisen.

Im zweiten Teil der Übung kommt die Seminargruppe wieder zusammen. Einzelne Kleingruppen stellen ihre präskriptiven Argumente anhand der erarbeiteten schematischen Darstellung vor und alle anderen haben die Aufgabe, das präsentierte Argument auf seine Gültigkeit hin zu überprüfen. Sofern Argumentationsketten als inkohärent identifiziert werden, sollte die Seminargruppe diskutieren, ob und inwiefern es möglich wäre, das betreffende Argument zu ‚reparieren'. Damit kann diese Übung auch eine Gelegenheit für Studierende bieten, methodische Kompetenzen der Argumentanalyse, die Gegenstand von Übung 4 waren, zu festigen.

Grenzen des Maßstabs formaler Gültigkeit

Neben dem Einüben präskriptiven Argumentierens und der Festigung methodischer Kompetenzen der Argumentanalyse bietet diese Übung auch die Chance, die Grenzen von Möglichkeiten zu reflektieren, normative Argumente anhand des Maßstabs formaler Gültigkeit zu bewerten. Es ist davon auszugehen, dass die Präsentation und gemeinsame Überprüfung der in Kleingruppen erarbeiteten präskriptiven Argumente in eine Situation münden wird, in der mehrere dem Maßstab interner Kohärenz genügende Argumente nebeneinander stehen. Die Studierenden werden aller Voraussicht nach dennoch der Auffassung sein, dass nicht alle gültig begründet vorgeschlagenen politischen Handlungen *gleichermaßen gute* Antworten auf die in der Ausgangsfrage formulierte Herausforderung sind. Dieser Umstand kann produktiv genutzt werden, indem er zum Ausgangspunkt von Reflexionen über (a) die Gründe von normativen Dissensen in wissenschaftlichen und politischen Diskursen sowie (b) Möglichkeiten des produktiven Umgangs mit dem Fortbestehen solcher Dissense gemacht wird.

5. Die Situiertheit von Normativität

Keine Neutralität in der Produktion von Normativität

Es ist wichtig, in der politikwissenschaftlichen Hochschullehre dafür zu sensibilisieren, dass die Produktion von Normativität auch im wissenschaftlichen Arbeiten nie neutral und unanfechtbar ist. „Wissenschaften werden von konkreten, empirischen Subjekten produziert, deren Wahrnehmung keine unvermittelte sein kann. Die Wissenssubjekte sind – historisch, sozial, kulturell, ökonomisch – als situiert bzw. standortverbunden zu verstehen. Wir sprechen von bestimmten gesellschaftlichen Positionen, aus einer bestimmten Geschichte heraus, im Horizont spezifischer Erfahrungen, kultureller Werte und Normen. […] Dementsprechend ist auch das produzierte wissenschaftliche Wissen als situiert und kontextabhängig zu verstehen." (Singer 2010: 293) Auf eine so verstandene Situiertheit wissenschaftlichen Wissens haben insbesondere feministische und postkoloniale Perspektiven aufmerksam gemacht (vgl. Kerner 2021; Singer 2010).

Situiertes Wissen

Donna Haraway hat argumentiert, dass das Konzept der *„situated knowledges"* (Haraway 1988: 581; Hervorheb. im Original) sowohl der Idee neutraler Objektivität als auch einer (radikal verstandenen) relativistischen Position eine Absage erteilt, insofern beide eine Perspektive „from everywhere and nowhere" (Haraway 1988: 584) in Aussicht stellten. Die Situiertheit von Wissen anzunehmen heiße, davon auszugehen, dass alle Perspektiven auf die Welt lokal und partikular sind, es aber stets möglich bleibt, Verbindungen zwischen solchen lokalen und partikularen Perspektiven herzustellen (Haraway 1988: 584). Das Konzept des situierten Wissens mündet deshalb nicht in eine Absage an Dialog und den Versuch, das Erschließen von Wissen über die Welt als ein gemeinsames Unterfangen zu verstehen. Es formuliert vielmehr die Aufgabe, dieses Unterfangen auf eine Weise zu gestalten, die dem Umstand Rechnung trägt, dass jede Perspektive an spezifische Standpunkte gebunden und damit keine Perspektive neutral und verallgemeinerbar ist.

Es gibt, je nach Thema und subdisziplinärer Verortung der betreffenden Lehrveranstaltung, sehr unterschiedliche Möglichkeiten, die Situiertheit wissenschaftlichen Wissens und die Nicht-Neutralität wissenschaftlicher Wissensproduktion in Lehr- und Lernkontexten zu thematisieren. Hier soll eine mögliche Übung beschrieben werden, die zwei Hinsichten, in denen die Situiertheit wissenschaftlichen Wissens wirken kann, zu Gegenständen der gemeinsamen Reflexion macht. Zum einen kann sich die spezifische Situiertheit von an der wissenschaftlichen Wissensproduktion Beteiligten in der eingenommenen Perspektive auf bestimmte Gegenstände sowie in den Inhalten von erarbeiteten (normativen) Argumenten niederschlagen. Zum anderen kann die spezifische Situiertheit von an der wissenschaftlichen Wissensproduktion Beteiligten aber auch schon als ein Wahrnehmungsfilter fungieren, der steuert, welche Themen und Gegenstände überhaupt als relevant und der normativen Reflexion bedürftig identifiziert werden.

Weil der Seminarplan und bereits erfolgte Diskussionen in Seminarsitzungen Gegenstände dieser Übung sind, kann sie erst zu einem späteren Zeitpunkt in der Durchführung einer Lehrveranstaltung eingesetzt werden.

Übung 7: Die Partikularität der Seminarinhalte reflektieren

Zur Vorbereitung der Übung sollten die Studierenden mindestens einen einschlägigen Text rezipieren, der exemplarisch zeigt, wie Wissenschaftler*innen die Idee objektiven Wissens problematisiert und die Situiertheit und Nicht-Neutralität wissenschaftlichen Wissens sichtbar gemacht haben.

Einschlägige Texte zur Situiertheit wissenschaftlichen Wissens

Einschlägige Texte, die sich hierfür anbieten, sind beispielsweise der schon oben zitierte Aufsatz *Situated Knowledges: The Science Question in Feminism and the Privilege of Partial Perspective* von Donna Haraway (1988), Edward W. Saids *Orientalism* (1979) oder Chandra Talpade Mohantys *Under Western Eyes: Feminist Scholarship and Colonial Discourses* (1984). Gegebenenfalls bietet es sich an, die Studierenden in Gruppen einzuteilen, die die Vorbereitung auf unterschiedlicher Lektürebasis durchführen. Auf der Grundlage entsprechender Texte und der von den Autor*innen jeweils ausgeführten Kritik an der Partikularität und Begrenztheit von Wissenschaftsdiskursen, die den Eindruck einer vermeintlichen Universalität vermitteln, kann sich die Seminargruppe ein Instrumentarium (und je nach Vielfalt der gewählten Lektürebasis ggf. unterschiedliche Instrumentarien) für eine kritische Befragung der eigenen wissenschaftlichen Arbeit in der betreffenden Lehrveranstaltung erarbeiten.

Kritische Befragung des Seminarplans

In einem ersten Schritt wird der Seminarplan zum Gegenstand einer kritischen Befragung gemacht, in der die Seminargruppe das in der Vorbereitung erarbeitete Instrumentarium anwendet. Leitfragen für die Diskussion könnten dabei beispielsweise lauten: Was kennzeichnet die Bandbreite an ausgewählten Themen und/oder Autor*innen auf dem Seminarplan? Welche Themen wären im Rahmen des Seminarprofils zwar relevante Gegenstände, finden sich aber nicht auf dem Seminarplan wieder? Vor dem Hintergrund welcher Erfahrungen und Prämissen lässt sich die jeweils identifizierte Auswahl rekonstruieren, und von welchen Standpunkten aus werden diese Erfahrungen gemacht bzw. erscheinen diese Prämissen als sinnvolle Marker einer Beschreibung und Interpretation des Seminargegenstands? Inwiefern variieren Antworten auf diese Fragen, sofern wir versuchen, unterschiedliche Perspektiven einzunehmen? Studierende aus Ländern des Globalen Nordens beispielsweise könnten reflektieren, wie sie die Frage nach möglichen blinden Flecken auf dem Seminarplan beantworten würden, wenn sie versuchen, Standpunkte von Menschen einzunehmen, die in Ländern des Globalen Südens leben.

Kritische Reflexion der Diskussionsergebnisse

In einem zweiten Schritt wird der Fokus auf die Inhalte der Diskussionen in den Seminarsitzungen erweitert. Hier rekapitulieren die Studierenden, was für sie die zentralen Ergebnisse der Diskussionen im Seminar waren, inklusive der normativen Konklusionen. Hiervon ausgehend können dann Fragen wie die folgenden diskutiert werden: Lassen sich Spezifika dieser Ergebnisse und normativen Konklusionen mit der jeweiligen sozialen, kulturellen und ökonomischen Situiertheit der Seminargruppe in Verbindung bringen? Welche Perspektivenmodifikationen lägen nahe, wenn versucht wird, Standpunkte von Menschen einzunehmen, die sozial, kulturell und ökonomisch anders situiert sind als das Gros der Seminargruppe?

Studierende und Lehrende könnten schließlich gemeinsam reflektieren, inwiefern die Ergebnisse ihrer Diskussionen im Rahmen dieser Übung sowohl für die Bearbeitung von möglichen Forschungsthemen im Rahmen von Seminararbeiten als auch für Konzepte zukünftiger Lehrveranstaltungen produktiv nutzbar gemacht werden könnten.

6. Die Rolle der Lehrenden

Welche Rolle nehmen die Lehrenden in Lehr- und Lernkontexten ein, wenn sie sich auf die in diesem Band beschriebenen Weisen darum bemühen, Studierenden Kompetenzen für den Umgang mit Normativität zu vermitteln?

Normative Zurückhaltung der Lehrenden

Zum einen impliziert die betonte Kompetenzorientierung, dass Lehrende hier grundsätzlich in einer Rolle gesehen werden, die im Anschluss an Fleuß (2018: 720) „normativ zurückhaltend" genannt werden kann. Lehrende, die Studierende bei der Ausbildung von Kompetenzen unterstützen, Normativität eigenständig zu untersuchen und methodisch reflektiert zu produzieren, stellen nicht ihre eigenen normativen Positionen in den Vordergrund. In dieser Hinsicht korrespondiert der vorgeschlagene Ansatz mit Beschreibungen der Lehrenden-Rolle, die sich sowohl in der politischen Bildung als auch in anderen Beiträgen zu der Debatte über Normativität in der politikwissenschaftlichen Hochschullehre finden. Zwar ist der Beutelsbacher Konsens, der das Selbstverständnis der politischen Bildung nachhaltig geprägt hat, Gegenstand fortlaufender Kontroversen. Dabei ist unter anderem umstritten, was genau sein erstes Prinzip, das sogenannte Indoktrinations- oder Überwältigungsverbot, bedeutet (vgl. Däuble 2016). Aber weitgehend unstrittig ist unter politisch Bildenden die allgemeine Stoßrichtung dieses Prinzips, nach welcher es gilt, eine eigenständige Urteilsbildung auf Seiten der Lernenden zu fördern (Däuble 2016: 451). In der Debatte über Normativität in der politikwissenschaftlichen Hochschullehre argumentieren etwa Brühl et al. (2018), dass Lehrende eine „begleitende, beratende und moderierende" Rolle in der Lehre einnehmen sollten, die „die Studierenden in die Lage versetzt, ihr Studium frei, selbstbestimmt und verantwortungsbewusst zu gestalten" (Brühl et al. 2018: 770). Fleuß (2018) betont, dass Lehrende Studierende zu „einer selbstständigen Analyse und normativen Urteilsbildung"

Beutelsbacher Konsens

Eigenständigkeit der Studierenden

(Fleuß 2018: 720) anleiten sollten, und diskutiert, inwiefern sich dieses Ziel auch in der Auseinandersetzung mit anwendungsbezogenen Fragen in der Lehre normativer politischer Theorie realisieren lässt.

Mit solchen Perspektiven und dem Plädoyer für eine normativ zurückhaltende Rolle der Lehrenden steht der vorgestellte Ansatz im Einklang: Studierende sollen Normativität eigenständig erkennen, artikulieren und charakterisieren und eigenständig normativ argumentieren lernen bzw. in der Ausbildung ihrer diesbezüglichen Kompetenzen gefördert werden. Der Vorschlag, den Umgang mit Normativität wie dargelegt als eine Methode zu verstehen, lenkt den Blick jedoch auch auf eine besondere Herausforderung für Lehrende. Kurz gesagt besteht diese Herausforderung darin, normative Zurückhaltung mit einer anleitenden Rolle in der Methodenvermittlung auszubalancieren. Kompetenzen für das Erkennen, Artikulieren und Charakterisieren von Normativität sowie für das normative Argumentieren zu vermitteln und Studierende dabei zu unterstützen, entsprechende Kompetenzen einzuüben und weiterzuentwickeln, bedeutet einerseits, dass Regeln des Umgangs mit Normativität vermittelt werden müssen und in Übungen wie den hier vorgeschlagenen zwischen mehr und weniger gelungenen Anwendungen dieser Regeln unterschieden werden muss. Wenn in Lehr- und Lernkontexten zum Beispiel der in Kapitel 4 geschilderte Zusammenhang zwischen Konklusionen und Prämissen behandelt wird, gilt es, etwaige Lücken oder unklare Zusammenhänge zwischen angegebenen Prämissen und Konklusionen als Qualitätsdefizite der betreffenden Argumentationen auszuweisen, um Korrekturen und Verbesserungen zu ermöglichen. Andererseits ist es insbesondere angesichts der angesprochenen Grenzen von Möglichkeiten, normative Argumente anhand des Maßstabs formaler Gültigkeit zu bewerten, elementar, dass Lehr- und Lehrkontexte ein Verständnis dafür vermitteln, dass Dissense über die Qualität spezifischer normativer Argumente in vielen Fällen jenseits von Fragen adäquater Methodenanwendung liegen und vielmehr ein üblicher Ausdruck von Pluralität und Dissens sind, die zu den Kernmerk-

Normative Zurückhaltung als Herausforderung in der Methodenvermittlung malen des Politischen gehören. Für die Lehrenden bedeutet das, dass sie von Fall zu Fall unterscheiden müssen, wo sie eine anleitende Rolle einnehmen sollten, was Kritik und das Einfordern von Korrekturen bedeuten kann, und wo sie im Sinne normativer Zurückhaltung von einer solchen Rolle zurücktreten sollten.

Rollenansprüche ausbalancieren

Das Ausbalancieren der beiden Rollenansprüche ist keine triviale Aufgabe und es besteht die Gefahr, dass Lehrende, die die Thematisierung von Normativität in der Hochschullehre in die Aufgabe übersetzen, Methodenkompetenzen zu vermitteln, ihre anleitende Rolle überdehnen. Es gibt aber mindestens drei Möglichkeiten, mit denen Lehrende die Gefahr abmildern können, dass sie Möglichkeiten der Lernenden, Normativität eigenständig zu untersuchen und methodisch reflektiert zu produzieren, dadurch zu stark einschränken. Erstens können sie die Aufgabe einer kritischen Bewertung von Beiträgen zu Übungen wie den in diesem Band konturierten so weit wie möglich der Gruppe der Studierenden übertragen. Zweitens können sie in Einheiten, in denen die Situiertheit von Wissen behandelt wird (vgl. Kapitel 5), auch explizit sich selbst und ihre Rolle in dem betreffenden Lehr- und Lernkontext zum Gegenstand der Reflexionen machen. Auf diese Weise lässt sich das Verständnis der Lernenden dafür schärfen, dass Positionierungen und Urteile der Lehrenden nicht von objektiven Standpunkten aus formuliert werden und es zum eigenständigen Umgang mit Normativität dazugehören kann, wertende Interventionen der Lehrenden wiederum kritisch zu adressieren. Drittens können Lehrende das wohl Naheliegendste tun: nämlich die Herausforderung, normative Zurückhaltung mit einer anleitenden Rolle in der Methodenvermittlung auszubalancieren, als eine zum Teil schwierige Aufgabe ihrer Rolle transparent machen.

7. Fazit

Die Grundannahme dieses Bandes lautet, dass es eine wichtige Aufgabe politikwissenschaftlicher Hochschullehre ist, Studierenden Kompetenzen für das Analysieren von Normativität und das normative Argumentieren zu vermitteln. Sofern unter methodischen Kompetenzen nicht nur die Anwendung von qualitativen und quantitativen Methoden sozialwissenschaftlicher Forschung verstanden wird, sondern auch das Analysieren von normativen Phänomenen und das normative Argumentieren, sind die in diesem Band entfalteten Überlegungen samt der jeweils konturierten praktischen Übungen deshalb vereinbar mit der Annahme, dass sich die politikwissenschaftliche Hochschullehre auf die Ausbildung von methodischen Kompetenzen konzentrieren sollte. Zweifelsfrei gibt es eine Vielzahl an Möglichkeiten, sich mit dem Thema Normativität in der politikwissenschaftlichen Hochschullehre auseinanderzusetzen. Der Anspruch dieses Bandes geht nicht darüber hinaus, eine solcher Möglichkeiten aufgezeigt zu haben und Lehrenden der Politikwissenschaft einige systematisierende Vorschläge zu unterbreiten, wie sich eine Sensibilisierung für Normativität und die Vermittlung von Fähigkeiten für den Umgang mit Normativität zu expliziten Anliegen der politikwissenschaftlichen Hochschullehre machen lassen.

8. Literatur

Bayertz, Kurt/Kompa, Nikola (2016): Mitgegangen, Mitgefangen! Grundzüge moralischen Argumentierens, in: Ach, Johann/Bayertz, Kurt/Quante, Michael/Siep, Ludwig (Hg.): Grundkurs Ethik. Band I: Grundlagen, 4., vollständig überarbeitete und erweiterte Auflage, Münster, S. 39–56.

Borowski, Martin (2022): Die rechtliche Abwägung, in: Lübbe, Weyma/Grosse-Wilde, Thomas (Hg.): Abwägung. Voraussetzungen und Grenzen einer Metapher für rationales Entscheiden, Paderborn, S. 267–284.

Brühl, Tanja/Gereke, Marika/Ottendörfer, Eva (2018): Mehr Normativität wagen: Ein Plädoyer für eine reflexive Grundhaltung in der politikwissenschaftlichen Lehre, in: Politische Vierteljahresschrift 59(4), S. 759–778.

Däuble, Helmut (2016): Der fruchtbare Dissens um den Beutelsbacher Konsens, in: GWP – Gesellschaft. Wirtschaft. Politik 65(4), S. 449–458.

Deutscher Bundestag (2002): Schutz der Menschenwürde angesichts der biomedizinischen Möglichkeiten – Kein Import embryonaler Stammzellen, Drucksache 14/8101, 29.01.2002. Online: https://dserver.bundestag.de/btd/14/081/1408101.pdf (zuletzt abgerufen am 24.03.2022).

Deutscher Bundestag (2022): Stenografischer Bericht 13. Sitzung, Berlin, Mittwoch, den 26. Januar 2022. Online: https://dserver.bundestag.de/btp/20/20013.pdf (zuletzt abgerufen am 16.03.2022).

Fleuß, Dannica (2018): Politische Theorie anwendungsbezogen lehren. Lehrende zwischen normativer Zurückhaltung und kritischer Stellungnahme, in: Politische Vierteljahresschrift 59(4), S. 719–736.

Grün-Neuhof, Julia/Schröder, Hendrik Kasper (2022): Normativität ist (k)eine Aufgabe – Perspektiven aus Politikwissenschaft und Politikdidaktik, in: Zeitschrift für Didaktik der Sozialwissenschaften 13(1), S. 77–96.

Habermas, Jürgen (1998): Faktizität und Geltung. Beiträge zur Diskurstheorie des Rechts und des demokratischen Rechtsstaats, Frankfurt/M.

Hansel, Mischa/Lambach, Daniel/Reuschenbach, Julia (2018): Im Schatten der Krise: Über Normativität in der politikwissenschaftlichen Hochschullehre, in: Politische Vierteljahresschrift 59(4), S. 713–717.

Haraway, Donna (1988): Situated Knowledges: The Science Question in Feminism and the Privilege of Partial Perspective, in: Feminist Studies 14(3), S. 575–599.

Kaltwasser, Cristóbal Rovira (2017): Populism and the Question of How to Respond to It, in: Kaltwasser, Cristóbal Rovira, et al. (Hg.): The Oxford Handbook of Populism, Oxford, S. 489–508.

Karmasin, Matthias/Rath, Matthias/Thomaß, Barbara (2013) (Hg.): Normativität in der Kommunikationswissenschaft, Wiesbaden.

Kerner, Ina (2021): Postkoloniale Theorien zur Einführung, 4., unveränderte Auflage, Hamburg.

Ladwig, Bernd (2007): Politische Theorie, politische Philosophie und Gesellschaftstheorie. Ein integrativer Vorschlag, in: Buchstein, Hubertus/Göhler, Gerhard (Hg.): Politische Theorie und Politikwissenschaft, Wiesbaden, S. 175–191.

Merkel, Wolfgang/Ritzi, Claudia (2017): Direkte Demokratie *oder* Repräsentation? Zum Reformbedarf liberal-repräsentativer Demokratie im 21. Jahrhundert, in: Merkel, Wolfgang/Ritzi, Claudia (Hg.): Die Legitimität direkter Demokratie. Wie demokratisch sind Volksabstimmungen?, Wiesbaden, S. 227–250.

Meseth, Wolfgang/Casale, Rita/Tervooren, Anja/Zirfas, Jörg (2019) (Hg.): Normativität in der Erziehungswissenschaft, Wiesbaden.

Mohanty, Chandra Talpade (1984): Under Western Eyes: Feminist Scholarship and Colonial Discourses, in: boundary 2 12(3)/13(1), S. 333–358.

Münkler, Herfried/Llanque, Marcus (1998): Ideengeschichte (politische Philosophie), in: Jarren, Otfried/Sarcinelli, Ulrich/Saxer, Ulrich (Hg.): Politische Kommunikation in der demokratischen Gesellschaft. Ein Handbuch mit Lexikonteil, Opladen/Wiesbaden, S. 65–80.

Niesen, Peter (2007): Politische Theorie als Demokratiewissenschaft, in: Buchstein, Hubertus/Göhler, Gerhard (Hg.): Politische Theorie und Politikwissenschaft, Wiesbaden, S. 126–155.

Rau, Johannes (2004): Religionsfreiheit heute – zum Verhältnis von Staat und Religion in Deutschland, in: Bulletin der Bundesregierung Nr. 07-2 vom 22. Januar 2004, online: https://www.bundesregierung.de/breg-de/service/bulletin/rede-von-bundespraesident-johannes-rau-792330 (zuletzt abgerufen am 16.03.2022).

Said, Edward W. (1979): Orientalism, New York.

Schäfers, Bernhard (2006): Soziales Handeln und seine Grundlagen: Normen, Werte, Sinn, in: Korte, Hermann/Schäfers, Bernhard (Hg.): Einführung in Hauptbegriffe der Soziologie, 6. Auflage, Wiesbaden, S. 25–43.

Scherr, Albert (2016): Normen und Werte, in: Scherr, Albert (Hg.): Soziologische Basics. Eine Einführung für pädagogische und soziale Berufe, 3., erweiterte und aktualisierte Auflage, Wiesbaden, S. 217–224.

Schnädelbach, (1992): Norm und Rationalität, in: Ders.: Zur Rehabilitierung des *animal rationale*. Vorträge und Abhandlungen 2, Frankfurt/M., S. 70–102.

Schütze, Oliver (2019): Perspektive und Lebensform. Zur Natur von Normativität, Sprache und Geist, Berlin.

Singer, Mona (2010): Feministische Wissenschaftskritik und Epistemologie: Voraussetzungen, Positionen, Perspektiven, in: Becker, Ruth/Kortendiek, Beate (Hg.): Handbuch Frauen- und Geschlechterforschung. Theorie, Methoden, Empirie, 3., erweiterte und durchgesehene Auflage, Wiesbaden, S. 292–301.

Stemmer, Peter (2008): Normativität. Eine ontologische Untersuchung, Berlin/New York.

Straub, Jürgen (2004): Kulturwissenschaftliche Psychologie, in: Jaeger, F/Straub, Jürgen (Hg.): Handbuch der Kulturwissenschaften. Band 2: Paradigmen und Disziplinen, Stuttgart, S. 568–591.

Stykow, Petra (2020): Politikwissenschaftlich arbeiten, Paderborn.

Van den Daele, Wolfgang (2022): Normativität und Faktizität. Zur Begründung normativer Geltungsansprüche in der Praxis von Diskursen, in: Augsberg, Ino/Schuppert, Gunnar Folke (Hg.): Wissen und Recht. Interdisziplinäre Studien zur Wissensgesellschaft, Baden-Baden, S. 145–188.

Wehling, Hans-Georg (2016): Konsens à la Beutelsbach? Nachlese zu einem Expertengespräch. Textdokumentation aus dem Jahr 1977, in: Widmaier, Benedikt/Zorn, Peter (Hg.): Brauchen wir den Beutelsbacher Konsens? Eine Debatte der politischen Bildung, Bonn, S. 19–27.

Zeuner, Bodo (1989): Politikwissenschaft als Demokratiewissenschaft – ein vergessener Anspruch?, in: Albrecht, Ulrich/Altvater, Elmar/Krippendorff, Ekkehart (Hg.): Was heißt und zu welchem Ende betreiben wir Politikwissenschaft? Kritik und Selbstkritik aus dem Berliner Otto-Suhr-Institut, Wiesbaden, S. 128–142.

Zürn, Michael (2011): Perspektiven des demokratischen Regierens und die Rolle der Politikwissenschaft im 21. Jahrhundert, in: Politische Vierteljahresschrift 52(4), S. 603–635.